따스한 온기

이지은 지음

일러두기

이 책에는 동반북스 <작은 친구들> 매거진에 수록된 글이 포함되어 있습니다.

따스한 온기

이지은

목차

프롤로그 · 9
주인공 · 12

1부 너와의 만남

인생극장, 똘이 연대기 · 16
사고뭉치의 양말 사랑 · 26
똘이 탐구 일지 · 29
아찔한 사고 · 30
똘이의 IQ는 130? · 34
단벌 신사 이똘이 · 36
똘이의 첫 산책 · 38
세 번의 가출 사건 · 40

2부 동생이 생기다

까마쿤 이콩이 등장 · 50

콩이 탐구 일지 · 54

저마다의 버릇 · 58

사고뭉치 이똘이 · 66

코 고는 이콩이 · 67

이름은 하나인데 별명은 서너 개 · 70

난리법석 · 75

미니 공원에서 · 78

강아지에게 서열 5위 · 81

주말농장 · 84

3부 이빨 빠진 호랑이

이빨 빠진 호랑이 • 88

유선 종양과 중성화 수술 • 89

도봉산, 새 출발 • 91

귀약과의 싸움 • 94

포도막염 • 98

어느 날의 고비 • 99

고기 없인 안 먹어! • 102

산으로 계곡으로 • 103

그윽한 똘이 • 106

자꾸만 펑 • 109

강아지가 기분 좋을 때 • 111

4부 너는 나를 보고 있을까

결국 다가온 날 · 116
잠들지 못한 밤 · 120
나에게 준 마지막 선물 · 125
어느 날의 꿈 · 128
너는 나를 보고 있을까 · 131
너를 위한 노래 · 132
엄마와 롤빵 · 138
강아지 음악 · 144
그럼에도 우리는 · 146

에필로그 · 149

프롤로그

 나에게는 오래 키운 강아지가 있다. 내가 초등학교 4학년이던 2004년 12월, 하얀 눈이 소복이 쌓이는 겨울에 하얀 말티즈 똘이가 태어났다. 햇수로 17년을 함께 해 이제 '노견'이라 부를 나이다. 그래도 몸집이 작고 귀여워서 산책을 데리고 나가면 종종 사람들이 아기냐고 물어본다. 아는 사람은 나이 든 강아지임을 눈치채지만. 가끔 나를 슬프게 하는 건, 17살이나 되었으니 언젠가 강아지가 나의 곁을 떠나리라는 사실이다. 그걸 생각하면 눈물이 난다. 누군가의 임종을 곁에서 지켜본 적이 없다. 내가 가장 사랑하는 강아지가 내 곁을 떠난다고 생각하면 아직 그 순간이 다가온 것도 아닌데 숨이 턱 막힌다.

지금은 내 옆에서 숨을 색색 내쉬며 고이 잠을 자고 있다. 나이가 드니까 잠을 많이 잔다. 가끔 소리도 잘 못 듣는다. 예전에는 집에 돌아오면 누구보다 빠르게 꼬리를 흔들며 현관문으로 다가왔는데 지금은 마약 방석에서 자고 있다가 내가 직접 깨우러 갈 때도 있다. 그래도 아직 팔팔하다. 몸집이 작고 적게 먹어서 건강하다. 집 앞으로 산책을 하러 갈 때면 어린아이처럼 누구보다 신나게 뛰어다닌다. 신나는 모습을 보면 나도 같이 기분이 좋다. 좋아하는 대상은 그 대상이 어떻든 마냥 좋은가 보다. 강아지에게 콩깍지가 씌었는지 머리에서 이상한 미역 냄새가 나도, 이빨이 몇 개씩 빠져도, 코가 다 벗겨지고 까칠한 성격이어도 다 매력으로 느껴진다. 인생의 절반 이상을 함께 한 똘이.

 한 마리의 강아지를 키우는 게 내 삶에 다가온 복이라면, 난 두 번의 복을 얻었다. 2011년 우리 가족이 된 콩이와 함께 말이다. 우리 가족은 똘이와 콩이, 두 마리의 반려견과 함께 산다. 강아지와 함께 살면 마음이 폭신한 솜이불처럼 부드러워

진다. 맑은 눈망울을 보면 머릿속 잡생각도, 오늘 있었던 기분 나쁜 일도 다 잊는다. 귀여운 털뭉치들과 함께한다는 것은 정말이지 행복한 일이다. 오늘도 집에 돌아가면, 어떠한 하루를 보냈느냐고, 심심하지 않았냐고 너희에게 묻겠지. 따스한 온기를 나누어주어 고맙다고 쓰다듬으며 말이다.

주인공

똘이 (女)

2004.12.15일생

하얀 말티즈

떡볶이 코트 안에 숨어 우리 집에 옴

주특기: 양말 지키기, 머리카락 씹기,

뒷발로 흙 파헤치기, 액체처럼 흘러내리기

콩이 (女)

2011.4.6일생

장모 치와와, 말티즈 믹스견

아기 시절, 언니 친구에게서 데려옴

주특기: 애교 부리기, 배 까기,

혀 내밀기, 최애인 동생 찾기

❝

이제 우리의 이야기를 들어볼래?

1부

너와의 만남

인생극장, 똘이 연대기

우리 가족과 강아지 똘이와의 만남이 스크린에서 상영된다. 이똘이 인생극장, 스탠바이, 큐!

Scene 1. 떡볶이 코트 안에서

때는 바야흐로 2005년의 겨울, 설날 즈음이다. 장소는 부천 역곡의 한 주택. 대문을 열고 회색의 계단을 올라 3층에 도착한다. 문을 열고 들어가니 아늑한 집이 나오는데.

"어유, 오랜만이야. 추웠지? 어서 들어와."

삼자매를 따뜻하게 맞이하는 주인공의 친척 언니. 반가움을 전하고, 도란도란 시간을 보내다가 작은 방에 있는 하얀 시루떡 같은 작은 말티즈 두 마리를 발견한다. 아, 생각만 해도 귀엽다. 마침 삼자매는 강아지가 정말로 키우고 싶었던 차. 친척 언니는 한 마리 데려가라며 흔쾌히 말하는데, 삼자매는 엄마의 눈치가 보인다.

"엄마가 강아지는 절대 안 된다고 했는데."

삼자매 중 누군가 말한다. 그래도 뽀시래기 같은 강아지들을 두고 어찌 떠날쏘냐. 그들은 '강아지 몰래 데려오기' 작전을 세운다. 강아지를 데리고 오면 누가 키우고 똥은 누가 치울 거냐는 엄마의 말이 들려오는 듯하다. 작은 방에는 두 마리의 강아지가 신나게 뛰어놀고 있었다. 곱고 예쁘게 생긴 아이를 품에 안았다가, 그 옆에 더 날뛰는 놈에게 눈길이 갔다.

"더 활발한 애 데려갈까?"

그때 두 강아지의 운명이 바뀌었다. 조용하고 예쁜 동생 레오 대신 데려온 활발한 아이, 삼자매와 똘이의 첫 만남이었다. 엄마가 극구 강아지를 반대했었기에, 세 아이는 머리를 맞대고 강아지를 집에 몰래 데려갈 궁리를 한다. 그들의 머리에는 곧 기가 막힌 방법이 떠오른다. 다름 아닌 맏이의 빨간 떡볶이 코트 안에 작은 똘이를 숨기는 것.

"좋아. 언니 떡볶이 코트 안에 똘이를 숨기고, 가방이라고 둘러대자."

고작 평균 나이 12살 세 아이의 머리에서 나온 핑계지만, 그들은 흡족했다. 언니의 떡볶이 코트는 곧 둥글게 부풀어 올랐고, 그 모습으로 자가용에 오른다.

"품속에 있는 게 뭐야?"

엄마가 묻는다.

"물건이야.."

맏이는 얼버무리며 차에 탔고, 집에 가는 20여 분 동안 똘이는 어설픈 비밀 작전을 눈치라도 챈 듯 조용히 품에 안겨 있었다. 그렇게 똘이는 무사히 부천의 작은 아파트에 도착한다. 집에 도착해, 품에 안은 똘이를 짜잔 내려놓고, 의기양양해진 그들.

"절대 안 돼. 다다음 주에 ㅇㅇ이 결혼식 있지? 그때 반드시 돌려줘야 한다."

 엄마는 다가오는 친척 오빠 결혼식 때 똘이를 돌려주라고 신신당부한다. 그렇지만, 결국 지켜지지 않았다. 강아지를 데리고 결혼식에 가기는 조금 애매했고, 애초에 자동차 안에 작은 강아지를 놓아둘 생각도 없었다. 당시 엄마도 알지 않았을까? 강아지를 돌려주라고 큰소리는 쳤지만, 똘이를 키우게 될 것을. 아니 애초에 떡볶이 코트 안에 잘 숨겨 강아지를 데려왔다고 생각한 순간에도, 엄마는 속은 게 아니라 속아준 게 아닌가 싶다.

Scene 2. 똘이의 아가 시절

 엄마의 강아지 돌려주기 계획은 물거품으로 돌아갔다. 우리 집에 온 날 똘이는 화장실 앞에 박스와 세탁 바구니로 막은 공간에서 첫날밤을 보냈다. 아마 다음 날부터, 박스가 사라진 것으로 보아, 귀여운 똘이를 좁은 공간에서 잠들게 할 수 없다는 우리들의 빗발친 항의가 있었던 것 같다. 귀엽고 똘똘한 똘이를 엄마도 오래 미워할 수는 없었으리라.

 눈에 넣어도 안 아플 솜뭉치 똘이의 아가 시절, 가족들은 '똑똑 똘이 박사'라는 별명도 붙여 가며 예뻐해 준다. 당시 집에는 강아지 인형이 있었는데, 인형과 똘이의 크기가 똑같았다. 어른 손바닥 한 뼘 반 정도 되는 크기였다. 강아지 인형 이름은 똘똘이. 우리는 똘이 이전에 잠깐 강아지를 키운 적이 있다. 2002년도 월드컵 때 아버지가 데려온 강아지, 처음 이름은 사강이(월드컵으로 인한 이름.. 4강이)였고, 그다음에 똘똘이로 바뀐 파피용이었다. 똘똘이는 얼마 안 있어, 시골에 있는 외갓집으로 가게 되었다. 그다음으로 오게 된 강아지가 똘이다. 이름을 고민했는데, 역시 그 당시 우리는 강아지에게 세련된 이름을 붙여줄 깜냥은 안 되었던 모양이다. "똘똘하니 역시 '똘이'지~" 하고 대동단결했다. 그 후 세련된 강아지 이름을 볼 때마다, 우리의 '똘이'도 개명하면 안 되냐며 새로운 이름을 고심했지만, 결국 처음 붙인 이름을 벗어난 적은 없다.

❝

조용하고 예쁜 똘이의 동생 레오 대신 데려온
활발한 아이, 삼자매와 똘이의 첫 만남이었다.

Scene 3. 똘이와 판타지 세계

한창 판타지 소설을 좋아하던 삼자매의 둘째(나)와 셋째(동생)는 강아지 똘이를 두고 무한한 상상력을 펼쳤다. 우리가 정한 똘이의 직업은 '우유 공장장이'다. 한창 창의력이 빛나는 어린아이 둘은 강아지 코에서 나오는 액체가 우유이고 똘이는 우유를 생산하는 공장장이라며, 우리만의 판타지 소설을 썼다.

역시 판타지 세계의 일부로, 우리는 모두 '똘이 학교'를 가는 학생들이다. 똘이 학교에서는 똘이에 관한 모든 것을 배운다. 종종 똘이에 관한 소식을 모를 때는 '똘이 학교 요즘 소홀했다'는 우리 식 개그를 날렸다. 이런 식으로 활용된다.

"똘이가 이번에 ~~ 했대!"

"응? 언제 그랬어."

"똘이 학교 요즘 소홀했군."

하는 식이다. 유치해도 어쩔 수 없다. 똘이에 대한 사소한 소식도 집에서는 아주 큰 이야깃거리가 되었다. 똘이가 누구의 양말을 지키고 있었다는 둥, 담요에 똬리를 트고 자고 있었다는 둥, 똘이의 사소한 행동 하나하나가 우리 가족에게 큰 화젯거리요, 이야기의 소재였다. 똘이 없으면, 우리 대체 무슨 대화를 하느냐고 우스갯소리로 말할 정도였다.

동생과 나는 재미 삼아 똘이에 대해 포스팅하는 '똘랑꽁국수 멍남유'라는 이름의 블로그도 개설했다. 굳이 해석하자면, '똘이와 콩국수 먹나요'라는 뜻이다. 활발한 포스팅으로 똘이와의 4차원 세계관을 남겼다.

사고뭉치의 양말 사랑

 양말 대장 이똘이. 꼬린내 나는 양말을 사랑한다. 우리가 집에 오면, 꼬리를 살래살래 흔들며 반기다가 양말을 벗는 순간을 기다린다. 벗어 놓은 양말을 맛있는 음식처럼 물어뜯고, 지킨다. 우리가 양말을 가져가려고 하면, 으르렁댄다. 잘 때는 품에 양말을 제 아이 품듯 소중히 간직한다. 주로 그럴 때가, 양말을 빼앗는 좋은 타이밍이다.

 그 외에 양말을 빼앗기 위한 '음식으로 유인하기' 작전이 있다. 우선 먹을 것으로 똘이의 시선을 빼앗아 양말이 없는 곳으로 유인한다. 그 사이에 양말을 빼앗아야 하는데, 몸이 두 개가 아니니 2인조 작전을 추천한다. 양말 뺏기 성공! 이제 안도의 한숨과 함께 누가 양말을 줬냐며, 왜 양말을 빨래통에 제대로 안 넣었냐며 양말 주인을 타박한다.

❝

※ 주의, 작전 실패 시 물릴 수 있음.

똘이 탐구 일지

 똘이는 건강한 채소를 좋아한다. 토마토, 오이, 삶은 달걀노른자와 깻잎 등을 좋아한다. 베란다에 작은 텃밭을 만들어 깻잎과 상추를 키울 때, 틈만 나면 깻잎을 야금야금 먹어, 깻잎이 움푹 베이는 건 일상이었다.

 똘이는 몸을 동그랗게 말고 잘 때도 있지만, 벌러덩 배를 까고 자기도 한다. 그럴 때는 정말 세상 모르게 잔다. 개구리 다리를 하고 엎드려 자기도 한다. 역시나 편하게 자고 있다는 증거다.

 똘이를 안거나 허벅지 위에 올려놓을 때, 마치 액체처럼 흘러내린다. 그럴 때면 꼭 뼈가 없는 유체 동물 같다. 소파 위에도 곧잘 올라간다. 위를 올라갔다 내려오는 걸 나름의 놀이로 생각하는 것 같다.

아찔한 사고

똘이에게는 한가지 위험한 습성이 있었다. 산책하다가 달리는 자동차나 오토바이를 보면 뒤꽁무니를 쫓아서 달려간다. 똘이만의 특이한 행동이라고 생각했는데, 알고 보니 강아지의 본능이었다. 달리는 자동차나 움직이는 다른 동물, 사람 등을 쫓아가는 것이 본능이란다. 야생의 개는 사냥 습성을 타고났는데, 반려견으로 살면서 이러한 본능이 약해졌지만, 사라지진 않았다는 것이다.[1] 똘이도 날아다니는 비둘기나 고양이 등 움직이는 동물만 보면 사냥할 듯이 쫓아간다. 그러다가 고양이한테 할큄을 당한 적도 있다. 비둘기를 쫓으면, 보통 푸드덕 날아가기 때문에 똘이는 지붕 위의 닭을 보듯 날아간 비둘기를 아쉬운 듯 바라본다.

---

1 "강아지가 달리는 자동차를 쫓아가요-이유 및 훈련법", <비마이펫라이프>, 2019.11.12

우리는 똘이의 행동을 귀엽게 바라보았는데, 어느 날 아찔한 사고가 발생했다. 아파트 주차장에서 나오는 차의 앞 꽁무니에 돌진해 차에 그대로 박아... 말 그대로 교통사고가 났다. 그나마 다행인 것은 주차장에서 나오는 차가 아주 천천히 나오고 있었다는 것이다. 지금 생각해도 가슴이 철렁하다. 똘이는 다행히도 심하게 다치진 않았지만, 엉덩이가 조금 씰그러지고 수술을 받아야 했다. 몇 주를 못 움직이고 그렇게 좋아하는 산책도 못 했지만 차차 회복했다.

 엉덩이 한쪽은 여전히 눌려 있다. 그 후로도 달리는 자동차만 보면 맹렬하게 뒤꽁무니를 쫓는다. 전과 달라진 점은 분한 듯 이빨을 보이며, 으르렁댄다. 자기를 해친 걸 아는지 왕왕 짖는다. 목줄은 필수다. 이 행동을 강아지의 본능이라고 존중해 주는 것보다 도시에서 사는 반려견에게 위험할 수 있기에, 행동을 교정해 주는 것이 좋다고 한다.

❝

교통사고 후 회복한 똘이의 첫 산책. 내가 다니던 의왕의 기숙사 학교 뒷산을 똘이는 신나게 올라갔다. 흙을 잔뜩 묻히며 달리는 똘이를 보니 얼마나 기분이 좋던지.

똘이의 IQ는 130?

 똘이는 두뇌 회전이 빠른 강아지였다. 말 그대로 똑똑하다고 할까. 우리가 똘이의 IQ를 궁금하게 한 사건이 있었다. 내가 안방에서 동생에게 머리끈을 가져다 달라고 소리친 것이 사건의 발단이었다. 동생은 귀찮은 듯 몸을 움직이지 않았는데, 그런 동생 대신 똘이가 움직였다. 거실 바닥에 떨어져 있는 머리끈을 물어서 내 앞에 놓은 것이다! 대체 어떻게 그것이 가능했는지 지금도 모르겠다. 똘이가 정말 우리의 말을 알아들은 것일까? 우연의 일치로 바닥에 있는 걸 물어서 내 쪽으로 와서 툭 내려놓은 걸 수도 있다. 모양새는 똘이가 내 말을 알아들은 것만 같았다. 우리는 똘이를 입에 침이 마르게 칭찬했다.

 똘이가 우리의 말을 잘 알아듣고 행동하기보다는 골치를 썩이는 일이 훨씬 많긴 했다. 99.9%는 말썽꾸러기 역할에 충실했다.

어느 날 집을 오래 비우고 돌아왔더니, 분리수거할 페트병과 플라스틱을 가득 담은 비닐봉지를 목에 걸고 베란다 문밖으로 머리만 빼꼼 내밀어 우리를 반겼다. 아주 집안을 온통 어지른 것도 두어 번, 새로 산 인형의 머리를 물어뜯어 솜이 다 튀어나오게 만든 것도 여러 번이다. 난장판을 만들어 놓았다며 겉으로는 똘이를 꾸중하고 있지만, 속마음은 귀여워 어쩔 줄 몰라 했다.

하루는 거실에 앉아, 따분한 오후 색색의 찰흙으로 앙증맞은 장미꽃을 만들었다. 찰흙으로 만든 꽃을 상 위에 두고 잠깐 화장실을 다녀오니, 장미꽃이 형태도 알아볼 수 없게 망가져 있었다. 똘이가 그새 잘근잘근 씹어 놓은 것이다. 눈물이 핑 돌았다. 정성 들여 만든 작고 귀여운 내 찰흙 장미야, 부르짖어도 어쩔 수 없는 일. 그 외에도, 책상에서 방바닥으로 떨어진 상장과 종이에는 전부 똘이의 오줌이 묻었다. (왜 바닥에 상장이 있었는지는 의문이다만) 우리가 코흘리개 초등학생 시절의 일이다.

단벌 신사 이똘이

똘이 OOTD(Outfit of the Day). 달라이 라마 울고 갈 정도로 단벌 신사였던 똘이의 옷은 손에 꼽는다. 우선 여름옷 세 벌, 겨울옷 두 벌이 똘이가 평생 입은 옷 되시겠다.

분홍색 끈나시 옷, '스타독스'라고 적힌 노란색 옷이 똘이를 거쳐 갔다. 어느 날은 미용했더니, 미용실에서 색색의 반짝이는 보석 목걸이를 목에 걸어 줄 때도 있었고, 분홍색 리본 모양의 귀여운 머리끈을 달고 온 적도 있다.

강아지 양말을 새로 사서 신겨 보려고 했을 때는, 똘이가 워낙 거부하기도 하고, 잠깐 신었는데도 발이 퉁퉁 부어 그 이후로 다시는 신기지 않았다.

“

단벌 신사 이똘이

똘이의 첫 산책

 똘이의 첫 산책은 원미산 진달래꽃 축제였다. 부천의 대표적인 꽃 축제이기도 하다. 진분홍 진달래꽃 사이에서 노란 옷을 입은 하얀 강아지 똘이. 그러나 산에서 똘이는 한 걸음도 못 움직였다. 처음 집을 나와 땅을 밟은 날이었는데, 품에서 똘이를 흙에 내려놓으니, 꽁 얼어 붙어버렸다. 똘이를 다시 품에 안고 첫 외출을 즐길 수밖에 없었다.

 그 후로는, 엄청난 산책광이 되었으니... 작은 체구로 흙을 묻히며 돌아다니는 용감한 이똘이. 동네 산책뿐 아니라 시흥의 옥구도자연공원이나 갯벌 등 다양한 장소로 산책을 하러 갔다. 똘이는 자동차에 타면 낑낑대는데도, 창문을 열고 털을 한껏 날리며 바람을 즐기는 드라이브는 좋아한다.

세 번의 가출 사건

똘이는 어린 시절, 몰랐을 것이다. 그에게 가출 본능이 있었다는 것을. 다시 열린 인생극장.

Scene 1. 넓은 평야를 질주하듯

집에서 자꾸만 가출하고 싶은 마음은 무엇일까. 밖을 나돌고 싶은 야생 동물의 갈망일 수도, 혹은 산책을 충분히 시켜주지 않는 못난 주인에 대한 반항심일 수도 있겠다. 똘이 견생의 가장 큰 사건을 꼽으면, 교통사고 이후 여러 번의 가출 사건이다. 산책을 너무나도 좋아하고, 바깥세상에 대한 호기심이 가득한 똘이. 우리가 매일 산책을 시켜주지 못해서, 종종 똘이는 우리가 외출할 때 그 틈을 노려 문 사이로 빠져나갔다. 그렇게 하면 보통 아파트 1층 현관문에 막혀 나가지 못하고 있어 재빠르게 잡아 온다. (똘이야 미안... 산책을 자주 해줬어야 했는데) 그런데 한 번은 똘이가 사라진 적이 있었다.

"똘이야~ 똘이야~"

아무리 부르며 아파트 단지 구석구석을 뒤져도 똘이는 기척이 없었다. 몇 시간의 노력이 헛수고로 돌아갔다. 우리는 그날 처음으로 똘이가 없는 밤을 보냈다. 울적한 상상을 하다가 얼른 떨치고 다음날을 기약했다. 해가 밝자, 언니는 작정하고 친구와 함께 아파트 집마다 초인종을 눌렀다.

"혹시 강아지 못 보셨나요...? 조그마한 하얀 강아지인데..."

언니는 울먹이며 물었으리라. 절레절레 고개를 젓는 사람들. 그래도 언니는 꿋꿋이 수색 작업을 이어 나갔다. 결론부터 말하자면, 똘이를 아파트 옥상에서 발견했다. 언니는 마지막으로 어느 동의 20층 집 초인종을 눌렀다. 아주머니가 나오셔서, 언니의 물음에 강아지를 보진 못했지만 끙끙대는 소리를 들은 것도 같다고 말씀하셨다. 정확히는 잘 모르겠다며. 낙심한 언니와 친구가 아파트를 내려가려고 했고, 하필 아파트 엘리베이터가 고장 나 있었다. 할 수 없이 계단으로 내려가려고 하던 그때, 계단 위쪽에서 끙끙대는 소리가 들렸다. 깜짝 놀라, 계단 위로 올라가니 옥상으로 이어지는 계단 중간층에 이미 먼지가 잔뜩 묻어 꼬질꼬질할 대로 꼬질꼬질해진 똘이가 낑낑대며 있었다고 한다. 그 순간 언니가 얼마나 놀랐을지 감히 상상도 되지 않는다. 언니는 "똘이야!" 외치며 똘이를 꼭 품에 안고 돌아왔다. 정말 다행이었다.

똘이가 옥상을 올라가는 버릇은 그 후로도 종종 이어졌다. 똘이가 현관문을 나서서 사라지면, 어김없이 가장 높은 층 계단에 있었다. 질주 본능 같은 거였을까? 계단이 있으면 하염없이 올라간다. 왜 내려가는 게 아니라, 올라가는 건진 모르겠다. 지평선을 향해 넓은 평야를 질주하듯, 똘이는 계단 위로 달렸다. 그렇게 두 번째 가출 사건은 옥상에서 금세 똘이를 찾는 거로 끝이 났다.

Scene 2. 친절한 경찰 아저씨의 추억

 마지막은 우리가 똘이를 잃어버린 사건이다. 산책하러 나갔던 똘이가 공원을 벗어나 사라졌다. 요즘에는 공원에서 목줄을 안 하면 벌금이지만, 그때는 좀 더 자유로웠다. 엄마와 똘이는 집 근처 공원에서 산책하고 있었다. 공원을 잘 산책하던 똘이가 불현듯 사라졌다. 공원에서 아파트 단지로 나가는 출구로 사라졌다고 한다. "똘이야~ 똘이야!" 부르며 근처를 아무리 수색해도, 똘이가 보이지 않았다. 결국, 동네 곳곳에 전단을 붙였다. 똘이의 사진과 특징, 잃어버린 장소를 적고, '똘이를 찾습니다, 사례금 드립니다' 하며 번호를 떼어갈 수 있게 만들었다. 곧 떼어질 수도 있지만, 공원 사방의 전봇대에 붙였다. 종이는 며칠 안 되어 대부분 떼어지고, 똘이를 찾지 못한 채로 일주일이 지났다. 우리는 어디서 잘 살고 있을 거란 알맹이 없는 희망을 품었다.

 일주일 후, 누군가에게 연락이 왔다. 똘이를 데리고 있단다. 다름 아닌 경찰관이었다. 집 앞 공원에서 경찰 아저씨를 만났다.

아저씨 집에서 잔뜩 사랑받은 똘이. 이 동네에서 살던 분이 아니었는데, 차로 지나가다가 전단지를 보셨다고 했다. 똘이는 어디까지 가서 경찰 아저씨를 만났던 걸까. 주인이 안 나타나, 아이를 키울 생각까지 하고 비싼 사료와 간식까지 샀다고 말씀하시던 아저씨. 경찰 아저씨의 따뜻한 보살핌 덕분에 똘이는 우리 집에 있을 때보다 더 털에 윤기가 흐르고 복실해졌다.

경찰 아저씨 품에 안겨 있던 똘이. 아저씨가 똘이를 품에서 내려놓자 똘이는 일시 정지했다. 한껏 사랑을 받았는지 우리 쪽으로 안 오다가, 현실을 직시한 찰나의 순간이 지나고 우리 쪽으로 다가와 꼬리를 살랑살랑 흔들던 현실주의자 똘이. 잠시 달콤한 꿈을 꾸었던 그녀는 다시 우리의 품으로 돌아왔다. 미안해, 똘이야. 다시는 널 잃어버리지 않을게. 그 후 똘이는 더 이상의 가출 없이 우리 집에서 오래오래 행복하게 살았다는 이야기.

❝

똘이야, 우리 오래오래 행복하게 살자.

66

함박눈이 오던 날, 똘이를 데리고 집 밖을 나섰다. 눈을 처음 보는 똘이는 잠시 긴장하더니, 곧 포슬포슬한 눈이 덮인 길바닥을 용감하게 전진했다. 갓 내린 무결점의 눈밭에 강아지의 작은 발자국이 찍혔다. 정말이지 귀여운 장면이었다.

❝ 쿵쿵, 나와 함께 놀지 않을래?

2부

동생이 생기다

까마쿤 이콩이 등장

어느 날, 고등학교 기숙사에 있던 나의 핸드폰으로 작은 강아지의 사진이 도착했다. 바로 콩이였다. 우리 집에서 공주님 대접을 받으며 6년 넘게 호의호식하던 똘이에게 나타난 복병. 까만 콩이는 똘이보다 7살 동생이다. 장모 치와와와 말티즈 사이에서 태어났다. 작고 귀여운데 불독처럼 얼굴에 주름도 있고, 눈 근처에 하얀 털이 있어 팬더 같기도 하다. 어릴 적엔 콩이 얼굴이 둥근 감자 모양에 진한 고동색과 검은색 털이 섞여, 꼭 '타다 만 감자' 같다고 줄여서 '타마감'이라고 불렀다. 못난이의 귀여움을 한 몸에 받았다.

콩이는 먹성이 좋아서 사료를 우걱우걱 먹었다. 그런 콩이에게 질투라도 하는지, 똘이도 덩달아 밥을 전투적으로 먹기 시작했다. 원래 소식을 하며, 깨작깨작 사료를 먹던 똘이였다. 그런 똘이에게 밥을 먹이기 위해, 사료로 하트를 그리기도 하고, 한 알씩 놓아 주어야 겨우 먹었었는데. 경쟁 의식을 느낀 똘이의 밥 먹는 양은 확연히 달라졌다. 사료를 양껏 먹으며, 더 건강해졌다. 혼자보다 둘이 낫다는 걸 보여주던 단적인 예였다.

 어릴 적 콩이는 똘이를 졸졸 쫓아다니며 따르고 동경했다. 마치 새끼가 어미를 보고 배우듯 콩이는 똘이를 보고 강아지라면 응당 어찌 행동해야 하는지 따라 했다. 간지러워 귀를 긁는 똘이를 보고는 자신의 건강한 귀를 긁는 흉내는 기가 찼지만 말이다. 그렇다면 똘이는 콩이를 어떤 자세로 대했나. 막내의 자리를 빼앗긴 질투심 속에서도 은근한 관심을 보였다. 호기심에 놀자고 먼저 코를 킁킁 대기도 했다. 여전히 서열 정리가 안 된 채, 아웅다웅 가족들의 사랑을 다툰다.

함께 하는 목욕

❝

같은 곳을 보는 우리

콩이 탐구 일지

 콩이를 떠올리면 가장 먼저 생각나는 단어는 '겁보'다. 사람이 오면 무조건 반겨서, 도둑이 와도 반길 듯한 똘이와 달리, 콩이는 사람이 오면 짖기부터 시작한다. 특히 여자보다 남자를 더 무서워한다. 콩이가 유일하게 따르는 남자는 아빠다. 콩이가 네 살 때, 친구가 피아노를 치러 집에 놀러 온 적이 있었다. 콩이는 겁이 나 숨었고, 그게 하필 피아노 옆이었다. 친구가 피아노를 치러 의자에 앉았고, 겁보 콩이는 다리를 구부려 살금살금, 그렇지만 잽싸게 그 자리에서 도망갔다. 콩이의 모습을 사진으로 보며 귀엽다고 칭찬 일색이었던 친구는 낯 가리는 콩이의 모습에 친해지지 못함을 아쉬워했다. 그 외에 집에 필수로 사람이 방문해야 하는 상황이 생긴다. 매달 정수기 관리해 주시는 분이나 전자 제품 설치 기사가 방문할 때, 집에 손님이 오실 때 콩이는 얼른 방으로 숨는다. 강아지는 생후 3~13주가 사회화 기간이다. 태어난 지 50일 즈음 우리 집에 온 콩이가 충분히 사회화하지 못한 것 같아 아쉽다.

 콩이의 털은 흡사 오소리의 털 색이다. 고동색과 회색, 흰색이 조화롭게 섞여 있다. 눈 근처는 하얀색, 귀 끝은 검은색, 귀 밑은 회색, 몸은 연한 갈색이다. 조화로운 털 색과 잘생긴 얼굴로 어디 나가면 한 미모를 뽐낸다. 처음 우리 집에 오던 날은 주름도 많고, 어딘가 눌린 듯한 얼굴이었다. 크면 클수록 이목구비가 뚜렷한 얼굴이 되었다. 특히 콩이가 귀를 쫑긋하거나 눈을 동그랗게 뜰 때 매우 귀엽다. 우리에게 가장 많이 하는 행동은 바로 배를 까는 것이다. 배를 쓰다듬어 달라는 건데, 쓰다듬다가 잠시만 손을 멈춰도 몸을 비틀고, 발로 손을 찬다. 얼른 다시 애정을 달라는 말이다. 그러다 관심이 줄어들면, 쌩 가버린다. 콩이는 나보다 엄마와 동생을 더 좋아해서, 종종 콩이가 내 방으로 찾아오면 괜스레 반갑다. 서열은 가장 낮지만, 콩이와 친해지려고 노력하며, 전보다 더 친해진 기분이다.

"

콩이도 하는 개구리 다리.

저마다의 버릇

 사람도 성격이 천차만별이고, 좋아하는 것도 각자 다르듯 강아지도 저마다의 성격과 버릇, 취향이 있다. 똘이와 콩이만 봐도 서로 무척 다르다. 우선 똘이는 도도하고 시크한 성격이다. 마치 고양이를 떠오르게 한다. 요즘 고양이 중에는 개냥이라며, 개처럼 애교 많은 고양이가 있다고 한다. 똘이는 그 반대다. 고양이 성격의 강아지다. 산책하러 나가면, 자기에게 다가오는 사람에게는 '흥!' 하며 돌아서고, 오히려 무관심한 사람에게 기웃거린다. '왜 나에게 관심을 안 가지냐! 멍!' 하는 속마음이 들린다. 어디서든 자신이 당연히 사랑받아야 한다. 한편, 그녀의 공주병과 달리 집에서는 한없이 악동이다. 우리의 냄새 나는 양말을 꼭 쥐고 있다든가. 우리가 온종일 신고 벗어 놓은 양말을 물어뜯었다. 꼬릿꼬릿한 냄새가 나는 양말이 뭐가 그리 좋은지. 행여 우리가 양말을 뺏으려고 하면 기세 넘치게 으르렁대고 물려고 해서 뒤도 안 돌아보고 줄행랑을 쳤다.

 똘이는 우리의 머리카락을 냠냠 씹는 버릇이 있다. 우리가 소파에 앉아 있으면, 소파 위에 올라가 머리카락을 짭짤한 감자튀김이나 쫀드기 먹듯 짭짭 씹는다. 그게 똘이만의 애정 표현처럼 느껴져서 자주 똘이에게 머리를 갖다 댔다. 8살인가 10살 이후 그 버릇은 사라졌다. 이제 머리 씹기가 귀찮아진 건지 마음은 알 수 없다. 최근에 이 글을 쓰면서, 혹시 이런 강아지가 또 있나 인터넷으로 검색해 보았더니, 주인의 머리카락을 씹는 강아지가 또 있더라. 그 강아지 주인이 반려견 훈련사 강형욱의 유튜브에 '혹시 강아지가 스트레스를 받아서 그런 거냐' 하는 고민을 털어놓았다. 훈련사는 강아지가 (머리카락 씹기를) 가족들 간의 놀이라고 생각하는 것 같다는 대답을 해서, 지금 와서야 안심이다.

콩이는 겁쟁이지만, 우리에게는 애교가 많다. 처음 집에 왔을 때 콩이의 큰 눈망울에 겁이 잔뜩 묻어 있었다. 우리 가족에게 마음을 열지 않아 콩알만 한 몸으로 소파나 책상, 피아노 밑에 숨었다. 이제는 가족들에게만 마음이 활짝 열렸다. 여전히 사람은 무서워해서 집에 손님이 오면 방으로 도망가 왈왈 짖는다. 겁 많은 성격이 다소 위험할 수 있는 것은 산책을 시킬 때이다. 처음에는 산책도 무서워했지만, 자주 시키다 보니, 많이 좋아졌다. 그런데도 여전히 다른 사람이 다가오거나 사람이 많을 때 줄행랑을 치려고 한다. 목줄이 있으니 괜찮다고 생각했지만, 콩이의 달아나려는 힘이 너무 강해 줄이 몸을 빠져나와 위험한 적이 있었다. 다행히 큰 사고로 이어진 적은 없지만, 더 몸에 꼭 맞는 목줄을 찾게 되었다. 콩이는 집에서는 애굣덩어리다. 우리에게 다가와 배를 까고 누워 배를 쓰다듬어 달라고 하는 건 일과 중 하나다. 또 우리가 '점프 앤 키스' 줄여서 '쩜키'라고 부르는 행동이 있다. 말 그대로 점프해서 우리에게 입 뽀뽀를 한다. 강아지가 10살이면 꽤 나이가 든 거지만, 우리에겐 여전히 귀여운 막내다.

성격 외에도, 사진을 찍히는 그들의 태도 역시 확연히 다르다. 똘이는 우리가 사진을 찍으면 모델처럼 포즈를 취해 준다. 예쁜 얼굴로 가만히, 잠자코 있다. 도도한 표정을 짓기도 한다. 사진을 다 찍으면 움직인다. 10초에서 30초간 가만히 있는 걸 보면 확실히 자기가 사진 찍히는 것을 안다. 반면에 콩이는 우리가 그녀의 귀여운 모습이나 표정을 사진 찍으려고 하면, 바로 움직인다. 핸드폰 카메라를 드는 찰나, 우리의 시선을 알고 다가와 꼬리를 흔든다. 예뻐해 달라는 것이다. 콩이에게 중요한 건 사진이나 카메라가 아니라 우리의 애정이다.

두 강아지는 성격, 버릇, 취향이 다르다. 좋아하는 음식도 다르다. 그러나 둘이 각자의 성격과 생김새를 가지고 있기에 그들은 하나의 존재로서 완벽하다. 완벽한 귀여움과 자아가 있다. 누구나 자기만의 매력이 있듯이 강아지도 마찬가지다. 산책하러 나가 다른 집 강아지들에게서 그만의 성격이 보일 때 귀엽고 사랑스럽다.

“

무해한 존재, 강아지의 매력은 끝이 없다.

“

콩이가 유일하게 이빨 보이는 상대

그들이 사이좋아 보이는 사진을 겨우 찾았다..

사고뭉치 이똘이

 사고뭉치 똘이는 산책하러 나가면 비둘기 뒤를 쫓아 비둘기를 기어코 푸드덕 날게 한다. 이곳저곳 쏘다니다가 수풀에 숨어 있는 고양이에게 다가가 고양이가 똘이 얼굴을 할퀸 적도 있었다. 캬앙- 성묘를 하러 가서, 우리가 절을 하던 묘 근처를 돌아다니다가 벌에 쏘여 입 밑이 부은 적도 있었다. 아마 자연 치유되었던 것 같은데, 독이 심한 벌은 아니었나 다행이다.

코 고는 이콩이

콩이는 잠잘 때 코를 곤다. 피곤하여 잠이 들 때는 그 소리가 더 심하다. 콩이는 늘 동생 옆에서 잠을 잔다. 덕분에 동생과 방을 같이 쓸 땐, 나의 룸메이트는 동생뿐 아니라 콩이도 있었다. 콩이의 코 고는 소리에 잠귀를 설쳤다. 고민 상담하는 TV 예능 프로그램 '안녕하세요'에 사연을 보내야 한다고 반쯤 농담조로 말했다. 사실 그 말의 30%는 진심이었다. 드르렁드르렁 코 고는 걸 듣다 보면 잠이 들다가도 말았고, 잠을 설치며 생각했다. '내가 강아지 코 고는 소리 때문에 잠을 못 자다니'. 어이없어 웃음이 나온다. 드르릉, 그르릉, 드르렁... 작지만 확실한 소리가 내 귀를 파고든다. 자연스럽게 고민 해결이 된 건 동생과 방을 따로 쓰게 된 후부터였다. 콩이가 우리 방에 출입이 적어지며, 코 고는 강아지와의 웃을 수도 울 수도 없는 고민은 지나간 에피소드가 되었다.

드르렁 쿨쿨...zZ

이름은 하나인데 별명은 서너 개

강아지를 키우면 자꾸만 새로운 별명이 생긴다. 그들의 이름은 하나지만, 별명은 수없이 늘어난다. 똘이와 콩이 역시 여느 강아지들처럼, 새로운 사건 사고가 있을 때마다, 별명이 하나둘 생기는데..

"콩란아~ 콩란아~"

엄마가 콩이를 부르는 이름이다. 오늘은 콩이가 콩란이가 되는 순간. '콩이'가 이름이면 '콩알이', '콩순이', '콩자반' 등이 별명이 된다. 외모나 성격으로 오는 별명으로는 왕눈이, 겁쟁이가 있다. 문득 어렸을 적 들었던 노래가 떠오른다.

"내 동생 곱슬머리 개구쟁이 내 동생. 이름은 하나인데 별명은 서너 개~ 엄마가 부를 때는 꿀돼지~ 아빠가 부를 때는 두꺼비~ 누나가 부를 때는 왕~자~님"

노래 속 동생도 얼마나 다양한 별명에 반응해야 했을까. 그가 애잔해지는 순간이다. 꿀돼지, 두꺼비, 왕자님에 모두 반응해야 했던 곱슬머리 내 동생처럼, 우리의 귀여운 강아지들도 그들에게 부여된 새로운 별명에 귀를 쫑긋하고, 오늘은 또 반려인이 나를 어떠한 이름으로 부를까 궁금해할지도 모를 일이다. 콩이는 어렸을 때는 자신의 이름을 크게 인식하지는 않았다. '콩이'라고 불러도, 어떠한 호칭으로 불러도 꼬리를 흔들며 달려왔다. 그래서 장난으로 다양한 이름으로 콩이를 불렀다.

 "청국장아~ 이리 와. 청국장~"

 그러면 콩이는 꼬리를 흔들며 다가온다. 주위에 있는 모든 것이 콩이의 이름이 되는 순간이다. 장난삼아 '곰돌이'나 '당근'이라고 부르기도 했다. 물론 조금 머리가 크자, 이런 장난을 잘 안 하고 콩이도 반응하지 않는다. 자기 이름에만 반응한다. 그렇다면 그는 어쩌다 '콩이'가 되었나. 콩이는 태어난 지 두 달도 안 되었을 때, 우리 집에 왔다. 아기 때 언니 품에 안겨 우리 집에

입성했다. 작은 불독 같이 생긴 장모 치와와, 말티즈 믹스견을 무어라고 불러야 할지 이름을 고민하던 때였다. 언니는 '콩이'라는 이름을 아기 강아지에게 지어주었다. 토속적인 이름이 작고 순한 강아지와 어울린다는 이유였다. 그런데 '콩'이란 게 우리 주변에서 익숙한 존재이다 보니, 집에 있는 다양한 '콩'에 자기 이름인 줄 알고 반응할 때가 있다. 이를테면 엄마가 주방에서 콩밥을 지으며 '콩'이라는 단어를 말하거나 밥상에서 "콩 좀 먹어라" 할 때도 콩이가 귀가 쫑긋하는 순간이다.

 우리 집 터줏대감 이똘이도 별명이 여러 개다. 새로운 사건 사고가 있을 때나 틈만 나면 새로운 별명이 생겼다. 똘이 박사, 귀 큰이 얼작이, 도도똑똑똘이(도도하고 똑똑한 똘이), 똘(아이) 혹은 돌아이... 그 외 다수이다. 똑똑하니 '박사'이고, 귀가 크고 얼굴이 작아 '귀큰이 얼작이'다. 똘이는 콩이와 달리, 다른 이름으로 똘이를 부르면 '흥' 하고 들은 체도 안 한다. 별명에서도 보듯, 도도한 똘이다. '똘이'라고 제 이름을 불러도 콧대 높게 잘 돌아보지 않는 판에 다른 이름으로 부르면 똘이에게 성이 찰까. 그래도 "똘이야~" 부르고, 그 이름에 반응해 꼬리를 흔들며 다가올 때는 마치 첫걸음마를 뗀 아이를 보는 엄마처럼, 눈에서 꿀이 뚝뚝 떨어지며 똘이를 바라본다.

물론 아무리 강아지에게 다른 이름을 붙이고, 별명을 만들어도 오래가지는 않는다. 결국 '똘이'는 똘이고, '콩이'는 콩이다. 둘이 합쳐 똘콩이, 우리 집은 '똘콩이네'다. 한국어로 토속적인 이름을 붙여주다 보니, 때로는 '레오'나 '망고'나 '슈테판' 등 뭐 그런 다른 멋들어진 외국 이름을 가진 강아지를 보면 괜스레 우리 강아지들 이름을 되돌아본다. 왜 우리는 강아지 이름에서 창의성을 더 발휘하지 못했나. 똘똘하다고 똘이, 검은색이라고 콩이라는 이름을 붙인 게 최선이었나. 하지만, 우리가 평생 애정을 쏟은 이름이고, 10년 넘게 부른 이름이다. 그래서 우리 집을 부르는 '똘콩이네'라는 이름도 자랑스럽고 소중하다.

가족들과 함께 나간 마라톤 대회에서, 팀 이름을 고민하다 적은 이름, '똘콩이네'. 똘이, 콩이와 함께 한 우리 가족의 추억은 마음속에 영원히 간직할 것이다.

"

 오늘도 새로운 별명을 고민하며, 강아지를 다시 한번 애정 어리게 부를 것이다. "콩순아~"

난리법석

 가족의 사랑이 한쪽으로 몰리는 것이 그들이 다투는 이유다. 어릴 적에는 다툼이 적었다. 콩이의 덩치가 커지고, 그들의 서열이 여전히 정리가 안 되어서 다투기 시작했다. 둘의 싸움은 언제나 콩이가 똘이를 제압하는 쪽으로 결론이 나곤 했다. 우리는 난리법석을 치며 그들을 떼어 놓는다.

 콩이는 미용을 하러 갈 때면 또 한 번의 난리법석이 난다. 마취 주사를 놓아야 하는데, 미용사를 물면 안 되니 입마개 필수! 무서워서 똥을 싸면 안 되니 기저귀 필수! 입마개를 한 모습은 꼭 젖병을 물고 있는 아기 같고, 기저귀를 한 모습 역시 똥쟁이 갓난아기 같다. 겁보 콩이..

"

그들 사이의 은근한 신경전

입마개와 기저귀, 겁보 콩이

미니 공원에서

 집 앞에는 우리가 '미니 공원'이라고 부르는 운동 기구가 있는 작은 공터가 있다. 아파트에서 가장 가까운, 풀과 흙이 있는 곳이라 똘이, 콩이가 편하게 산책하고 뛰어놀 수 있었다.

 산책을 나가면 콩이는 몇 발자국 안 가서 우리에게 안아 달라고 발을 올린다. 똘이는 신나게 산책하며 다른 사람들에게도 기웃댄다. 똘이는 사람을 좋아해서, 자기를 예쁘다 하는 사람에겐 콧대 높은 척하고, 자기에게 관심 없는 사람에게 오히려 다가간다. "나 안 예뻐해 줄 거야?" 똘이를 산책시킬 때 웃픈 장면을 발견한다. 똘이에게 "아유~ 예뻐라~ 얘 좀 봐." 하는 사람에게는 일부러 도도하게 '흥!' 하며 돌아서는데, 그때 살짝 어깨가 으쓱 올라와 있는 걸 볼 수 있다. 그런데 이를테면 남학생들이 우르르 길가에서 몰려가면서 똘이에게 관심도 안 줄 때,

똘이는 일부러 그 근처에서 어슬렁댄다. 자신을 봐달라는 것이다. 어렸을 때는 지나가는 사람들이 꼭 똘이를 예쁘다 해 주었는데, 나이가 드니 관심이 적어졌다. 아무래도 코로나로 인해 마스크를 쓰고 이웃에게 말을 덜 거는 것도 이유가 있었지만 말이다. 그런데도 누군가 지나가며 "아, 예쁘다. 애기예요?" 이렇게 물어보면 똘이는 남은 산책 내내 기분이 좋아 꼬리를 치켜세운다. '킁킁' 콧소리를 내며, 왕년의 공주병을 불러오곤 했다.

 언니, 나랑 놀자!

강아지에게 서열 5위

"나 우리 집 강아지한테 서열 낮아~"

 이런 말을 강아지 키우는 사람들에게 종종 들어봤는가. 강아지에게는 가족의 서열이 있어, 가장 좋아하는 가족 구성원이 서열 1위, 가장 점수가 깎인 구성원이 서열 꼴찌다. 나는 늘 강아지들에게 서열이 낮았다. 강아지에게 사람 먹는 음식은 절대 안 줘서 우선 감점을 당한다. 이건 물론 빵이나 과자 같은 강아지들이 먹었을 때 안 좋은 음식 한정이다. 당연히 우리가 맛있는 음식을 먹으며 냄새가 풍기면 강아지들은 와서 똘망똘망한 눈으로 쳐다본다. 그렇지만, 먹으면 안 되는 음식은 주지 않는다.

 여러분에게 조금 고자질을 하자면, 친언니는 빵처럼 강아지에게 좋지 않은 군것질거리도 덥석 줘 버려서, 늘 강아지들에게 점수가 높다. 그렇지만, 그러면 나중에 탈이 나 버릴 수도 있다. 이런 면에서 나는 늘 점수가 낮다. 특히, 강아지를 너무 예뻐하면 그들이 귀찮아해서, 서열이 낮아지기도 한다. 똘이에게 먹을 건 제한해서 주지, 항상 예쁘다고 옆에 딱 달라붙어 있으니 나는 늘 점수가 낮다. 귀찮아서 늘 '흥~' 하는 모습에도 똘이가 너무 귀여워서 옆에 꼭 달라붙어 있는다.

그만큼 애정이 넘쳐 똘이를 많이 귀찮게 했다. 초등학생 때 좋아하는 여자애에게 자꾸만 장난을 치는 남자애처럼 말이다. 새근새근 자고 있는데, 옆에서 누워 지켜보다가 콕 건드린다든지 하는 행동으로 똘이의 신뢰를 완전히 잃었다. 덕분에 가족 중 똘이를 가장 예뻐하는 내가 똘이의 미움 대상 1위다. 새침한 똘이는 가족들의 무한한 사랑이 마냥 달갑지만은 않았을 수 있다. 귀여운 똘이를 가족 다섯 명이 놔두질 않았으니 말이다. 똘이에게는 적당한 관심이 필요했을 것이다. 그런 의미에서, 똘이에게 나는 서열 5위다.

콩이에게 서열 1위는 동생이다. 어렸을 때부터 동생이 콩이를 가장 예뻐하고 귀여워해서, 이미 정해진 마음속 1위를 누구도 바꿀 수 없다. 동생이 집에 오면 가장 좋아하고, 내가 오면 실망한다(?). 엄마와 콩이가 산책하러 나가던 어느 날, 엘리베이터에서 동생 체구의 여자를 보자 슬그머니 고개를 들어 확인했다고 한다. 평소 가족 외 다른 사람은 무서워하는 콩이가 다른 사람이 동생인 줄 알고 슬쩍 확인하는 장면에서 깊은 애정을 느낄 수 있었다. 어느 날은 방에 콩이가 들어와, 나를 지나쳐 침대 너머로 고개를 쭉 빼서 뭔가를 찾았다. 침대 뒤로도 가서 빼꼼 무언가를 찾았다. 나는 갸우뚱했는데, 콩이가 찾는 게 바로 동생이었다. 그 장면을 나만 목격했는데, 귀여워서 숨 막히는 줄 알았다.

주말농장

2019년도에는 도봉산 주말농장에 신청했다. 4평짜리 밭에서 토마토와 바질, 가지와 상추를 키웠다. 일주일에 한 번은 꼭 물을 주러 가야 하는데, 주말농장 가는 길에 똘이와 콩이도 함께했다. 마침 가는 길은 도봉천이라는 하천을 따라 걸어서 더욱 즐거운 산책 길이 되었다.

작물에 물을 주고 있으면, 강아지들은 흙밭에서 놀았다. 처음에는 강아지를 데리고 가도 되나 싶었는데, 다른 집에서도 강아지를 데리고 오는 것을 보니 마음이 놓였다. 똘이는 영리하게도, 다른 집 밭은 안 밟고 우리 밭만 맘껏 밟았다. 콩이는 내 밭, 네 밭 경계가 없어 주의가 필요했다. 그래도 공기 좋은 흙밭에 강아지들이 자유롭게 다닐 수 있어, 맑고 좋은 추억이 되었다.

" 다 덤벼, 왕왕!

3부

이빨 빠진 호랑이

이빨 빠진 호랑이

누구나 나이가 들면, 이곳저곳 아프기 마련이다. 건강한 똘이도 자연스러운 노화를 겪었다. 그런데도 기세는 여전히 등등해서 동네 골목대장의 위용은 사라지지 않았다. 그나저나, 이빨이 하나둘 빠지기 시작했다. 자연스레 빠지기도 했지만, 우리에게 으르렁대며 화낼 때 이불을 물다가 주로 빠졌다. 나중에 이빨 빠진 호랑이처럼 입 안에 이빨이 듬성듬성 자리했다. 예전에는 똘이한테 물리면 자국이 남고 아팠는데, 이제는 물려도 타격감이 없어졌다.

유선 종양과 중성화 수술

 못난 주인으로 똘이가 고생한 건, 유선 종양과 자궁축농증이 생긴 날이었다. 중성화 수술을 하지 않은 탓이었다. 암컷 강아지가 출산 계획이 없다면, 생후 5~7개월 즈음 중성화 수술을 해야 건강하다. 그래야 자궁축농증, 유선종양 등 다양한 질병을 예방할 수 있다고 한다. 약간의 변명을 하면... 가족들은 똘이가 아기를 가졌으면 했지만, 엄마는 조그만 똘이를 임신시킬 수 없다는 강경한 태도로 반대했다. 의견 차이 속에 중성화 수술은 자연스레 미뤄졌다. 강아지를 키우려면 더 여러 가지를 알아야 하고, 예방접종도 제때 맞추어야 하는데... 자궁축농증이 생기고 나서야 중성화 수술을 시킨 게 미안했다. 똘이의 수술은 다행히 성공적이었다. 콩이도 중성화 수술을 했다. 나의 무지로 인해 강아지를 아프게 할 수 있다. 강아지를 키우는 건 많은 책임이 따르는 일이다.

"

공기 좋고 물 맑은 도봉산은
강아지에게 참 좋은 동네다.

도봉산, 새 출발

 똘이와 함께 우리 가족은 몇 차례 이사했다. 부천 괴안동의 큰고모 집에서 태어난 똘이는 떡볶이 코트 속에 숨어 원미동의 한 아파트로 왔다. 원미동에서 신중동으로 이사한 후, 우리 가족은 콩이를 맞이했다. 신중동에서 서울 도봉구로 이사올 때는 일곱 식구가 대이동을 했다. 어느 기업의 인턴 생활을 하던 나는 이삿날 부천에서 출근을 해서, 퇴근할 때는 도봉으로 갔다. 나는 새로운 동네와 새집이 어색하기만 한데, 강아지들은 집에 도착하자 이 방 저 방 냄새를 맡으며 기운차게 돌아다녔다.

 부천은 참 살기 편한 도시였다. 우리가 살던 부천의 신도시 신중동은 편의 시설이 잘 갖추어져 있고, 도보로 은행, 지하철역, 카페 거리를 갈 수 있어 내 마음에 쏙 들던 동네였다. 그곳에서 서울 끝자락, 공기 좋고 물 맑은 도봉산으로 이사 오는 건 꽤 큰 변화였다. 나로서도 23년간 살던 정든 고향 부천을 떠나, 아무 연고 없는 도봉산으로 이사를 오는 게 내키지 않았다.

 하지만 살다 보니, 도봉산은 강아지에게 참 좋은 동네다. 계곡도 도보 15분, 서울 창포원이라는 큰 공원도 아파트 단지 바로 옆에 있다. 강아지를 데리고 도봉산에 올라갈 수는 없지만, 근처 둘레길을 걸을 수 있다. 공기도 맑고, 산과 들, 물이 가까운 도봉산.

귀약과의 싸움

 똘이의 고질병은 귀다. 어릴 적 귀약을 넣으려고 해도, 완강하게 싫은 기색으로 우리를 물려고 했기에 귀는 똘이의 풀지 못한 숙제였다. 도봉으로 이사 온 똘이의 귀 냄새가 점점 심해지자, 하루는 아빠가 병원에 좀 데려가라고 말하기에 이르렀으니... 마침 집 근처 오피스텔에 새로 생긴 'H 동물병원'. 그 전까지 다른 동물병원 여러 곳을 전전하던 똘이는 새로운 병원에서 친절한 의사 선생님을 만났다. 매주 3일씩 밥 먹는 것보다 더 열심히 귀 청소를 다닌 결과, 귀에서는 고름이 없어진 대신 소독약 냄새가 폴폴 나기 시작했다.

 귀 청소로 똘이는 인생 2막을 열었다. 처음에는 귀약을 넣으려고 할 때 의사 선생님에게 으르렁대며 이빨을 보였는데, 나중엔 친해져서, 품속에서도 가만히 있는 경지에 다다랐다.

"애기 이름이요."

"똘이요."

"귀 청소 오신 거죠?" (단골 똘이를 알아보신다)

"네~"

"뭐 특이사항 없죠?"

"아.. 똘이가 어쩌고저쩌고.. 이건 괜찮은 건가요?" (폭풍 질문)

 의사 쌤과 소소한 수다 시간. 노견인 똘이가 매주 꼬박꼬박 병원에 가서, 조금이라도 아프거나 이상이 있는 것 같을 때 의사 선생님께 바로바로 물어볼 수 있다는 점이 큰 장점이었다.

 병원에 자주 가니 에피소드가 자꾸 생겨난다. 산책하는 줄 알고 신나게 집에서 나온 이똘이. 문득 미니 공원을 지날 때 즈음 이것이 산책이 아니라 병원에 가는 길임을 알아차린다. 그때, 방향을 바꿔 다른 쪽으로 걸어간다. 병원에 가기 싫은 완강한 태도로 아파트 현관문 앞으로 가 있기도 하다. 그 모습은 또 어찌나 귀여운지. 집이 있는 아파트 동은 또 어떻게 찾아서, 그 문 앞에 가 있는 건지. 우여곡절 끝에 병원에 도착. 의사 선생님의 귀 청소가 끝나고, 발 소독도 종종 해 주신다. 그게 그렇게 시원한지 병원을 나서는 순간이 똘이가 가장 기분 좋을 때다. 꼬리가 잔뜩 올라가 있고, 집 가는 발걸음도 총총 가볍다.

한편, 동물병원에서 동네 강아지 친구들을 만나는데, 이똘이가 제일 꼬질꼬질하다. 아무래도 똘이가 나이가 들며, 귀 근처나 머리를 만지는 걸 싫어하니, 미용실에 맡길 수가 없었다. 결국 집에서 셀프 미용을 하기로 했다. 집에서 머리 근처는 가위로 자르고, 몸은 강아지 바리깡으로 밀 때면, 깎인 털과 똘이의 으르렁 소리로 난장판이 된다.

❝

병원 가기 싫어!

포도막염

똘이에게 포도막염이 생겼다. 한쪽 눈이 맨눈으로 보기에도 흐려지고 있었다. 눈이 점점 흐려지는 줄 몰랐을 때, 똘이가 자꾸 어딘가에 부딪히는 걸 발견했다. 거실을 걷다가 자꾸만 화분에 부딪히고, 식탁에 부딪혔다. 그때 처음으로 똘이의 눈이 나빠지고 있음을 눈치챘다. 매일 아침저녁으로 안약을 한 방울씩 넣어 주었다. 한 명이 똘이를 안고 있으면 다른 가족이 재빠르게 눈에 안약을 떨어뜨린다. 그런데 자꾸 발버둥 치다 보면 안약이 얼굴 이곳저곳으로 튄다. 보통 엄마가 똘이를 안고 있으면, 내가 빠르고 정확하게 안약을 넣는다.

어느 날의 고비

 코로나로 모든 게 올스톱된 2020년. 평소와 다른 일상을 가질 수밖에 없는 나날이었다. 그해 2월 처음으로 국내 첫 확진자가 나왔을 때가 떠오른다.

"오늘은 3명이 확진되었대. 너무 무섭다."

 친구와 나눈 카카오톡 대화를 한 달 뒤 몇백 명의 확진자가 나올 때 보니 상황이 참 야속했다. 금방 종식될 줄 알았던 바이러스는 우리의 일상을 송두리째 바꿨다. 나와 언니는 호주 멜버른으로 워킹 홀리데이를 떠났다가 두 달 만에 한국으로 돌아왔다. 코로나가 호주에도 기승을 부렸고, 집으로 돌아오는 게 안전하지 않겠나 싶었다. 2주 자가격리를 마치는 날은 마침 언니의 생일이었다. 똘이도 케이크 초를 불 때, 곁에 와 있다가, 소파 위에서 언니의 생일을 함께 축하했다. 기쁜 마음으로 생일 파티를

한 다음 날, 똘이가 유례없이 발작했다.

 아픈 게 평소와 달랐다. 마치 오늘내일하는 강아지처럼, 축 늘어져 온종일 기운이 하나도 없이 식음을 전폐했다. 열다섯 살 생일을 보낸 지 네 달 뒤였다. 우리가 돌아오기만을 기다렸다가 아픈 듯해 더 마음이 아팠다. 부리나케 동네 병원에 똘이를 데리고 가니, 의사 선생님께서는 강아지의 신장이 너무 안 좋아졌다고 말씀하셨다. 길어야 몇 달이라며 마음의 준비를 하라는 말을 덧붙였다. 절대 상상하고 싶지 않은 순간에 가족 모두가 쓴 눈물을 삼켰다. 그날 고비를 넘기고, 똘이는 원래 먹던 심장 약에 추가로 신장 약을 먹게 되었다. 안약도 한 방울씩 똑똑 떨어뜨리며, 자연스러운 노화에 따른 몸의 변화를 감내했다. 그래도 다시 걷고, 밥과 약을 먹고, 종종 기분 좋을 때 살짝 뛰는 정도로 회복했다. 아프기 전과 비슷하게 기력을 회복했을 땐, 똘이가 다시 신나게 뛰는 모습을 볼 수 있다는 것만으로 눈물 나게 감사했다.

가슴 철렁한 순간을 겪고 나니, 호주에서 돌아온 것이 감사했다. 언니는 자기 생일을 함께 보내려고 기다려준 것 같다고 말했다. 우리는 집에 있는 시간을 강아지에게 쏟았다. 똘이가 조금이라도 산책하고 싶어 하는 기색을 보이거나 신발장에서 어슬렁대면 부리나케 나와 언니, 동생 중 한 명이 출동했다. 콩이도 산책을 함께했는데, 둘은 평소 으르렁 그르렁 하며 서로를 견제하는 사이지만, 이때만큼은 콩이가 걱정 어린 시선을 보였다. 워낙 산책을 사랑하던 똘이는 조금씩 기운을 차리기 시작했다. 지극정성 간호, 의사 선생님의 돌봄과 약의 힘 덕이었다.

고기 없인 안 먹어!

 약을 먹기 시작하자, 다양하게 약 먹일 궁리를 하기 시작했다. 노견을 키우는 집이라면 다들 고개를 끄덕이리라. 약과의 전쟁이다. 똘이는 쓰디쓴 심장 약을 아침저녁으로 먹었다. 처음엔 심장 약만 먹다가, 나중에 신장 약이 추가되어 먹을 약이 두 배로 늘었다. 일반 사료도 잘 안 먹는데 약 비빈 사료는 더욱 입에 대지 않아서, 약을 어떻게 먹일 것이냐가 참 골치 아픈 문제였다. 결국, 우리도 매 끼니 안 챙겨 먹는 고기에 약을 비비기 시작했다. 그럼 어쨌든 똘이가 약을 먹었고, 지금 무엇보다 중요한 건 약을 먹이는 것이니깐. 가장 우선은 똘이가 약을 먹고 덜 아픈 것이었다. 두부, 토마토, 삶은 계란, 고기... 똘이가 좋아하는 모든 음식에 약을 비벼 대령했다.

산으로 계곡으로

 여름이 되어도, 팬데믹으로 답답한 일상은 바뀌지 않자 우리는 강아지들과 함께 산으로 계곡으로, 공원으로 떠났다. 전국을 떠들썩하게 한 별다방의 캠핑 의자를 들고 공원에 가서 강아지들과 간단한 캠핑을 즐겼다. 나무가 보이는 곳에 의자를 놓고 돗자리를 깔고 도시락을 까먹는 초간단 캠핑이었다. 또 집에서 도보로 갈 수 있는 도봉산 계곡에도 강아지들을 데리고 여러 번 갔다. 나이가 든 똘이는 얕은 물에서 물장구치는 걸 좋아했다. 콩이는 물을 피해, 우리에게 안아 달라고 보챘다. 신기한 풍경은, 똘이가 마치 할아버지가 뒷짐 지듯 콸콸 흐르는 계곡물을 한참 쳐다보고 있던 장면이었다. 마치 골똘하게 사색을 하는 것처럼 말이다. 똘이는 물을 보며 무슨 생각을 했을까.

그윽한 똘이

 노견이 된 똘이는, 우리 가족이 거실에 모여 소파에 앉아 TV를 볼 때, 자꾸 TV 앞에 앉는다. 거실 중앙에 어르신처럼 앉아 우리를 마치 제 새끼 보듯 한 명씩 번갈아 그윽이 쳐다본다. 꼭 우리의 얼굴, 모습을 눈에 담으려는 것 같다. 명절에 차례를 지낼 때에도 똘이는 차례상 앞에 앉아 우리의 절을 받는다. 콩이는 절하는 가족들 사이를 돌아다니거나, 옆에 있는데 똘이는 꼭 앞에 가 있다. 아주, 우리 가족을 자기 밑으로 생각하는 건지...

 사람 손을 귀찮아하던 똘이는 나이가 들자 은근 사람의 온기를 좋아한다. 예전에는 앙숙처럼 여기던 나도 이제는 신뢰를 회복했다. 마치 나를 가장 좋아하는 사람이 너인 걸 안다는 듯, 내 옆에 누워 있기도 하다. 내가 종종 안고 잘 쓰다듬어 주면 고양이가 가르릉 하듯, 좋아하는 내색을 한다.

"똘이야, 사랑해. 사랑해, 아이 예쁜 공주님."

 이제는 이런 말도 좋아한다. 사랑이 듬뿍 담긴 말을 하루에 한 번씩 해준다. 매일 꽃에 물을 주고 햇볕을 쬐어주는 마음으로 똘이에게 사랑한다고 말한다. 이제는 똘이와 나의 적당한 틈이 생긴 것 같다. 너무 사랑하면 집착하듯, 예전의 나는 똘이에게 집착을 했던 것 같다. 적당히 따뜻해야 불이 따스하게 느껴진다. 너무 활활 타오르면 불에 데고 만다. 나의 집착을 조금 내려놓으니, 더 따뜻하게 사랑할 수 있게 되었다.

❝

매일 꽃에 물을 주고 햇볕을 쬐어주는
마음으로 똘이에게 사랑한다고 말한다.

자꾸만 펑

 똘이는 대소변을 잘 가리는 아이였다. 베란다에 대소변을 하도록 훈련을 시키자, 똑똑하니 잘 알아들었다. 한 15년간 잘 가렸을까. 나이가 들자 거실과 주방 아무 곳에나 오줌을 싸 놓기 시작했다. 말 그대로 펑. 똘이를 많이 혼내지는 못하고, 걸레로 열심히 닦는다. 그러다가 열에 한 번 베란다에 누면, 칭찬에 칭찬을 해준다. 예전에는 강아지는 밥 잘 먹어도 칭찬, 베란다에 오줌만 잘 싸도 칭찬해 준다고 입을 삐죽거린 적도 있었다.

 똘이는 요즘 자꾸 물그릇에 발을 담근다. 물장구를 치며 장난을 치고 싶은 건지, 아니면 물을 새로 갈아 달라는 건지 헷갈린다. 작은 물그릇에서는 물을 마시다가 자꾸 턱까지 물에 젖으니 피부에 안 좋아서, 물 마시는 만큼 통이 내려가는 큰 물그릇을 샀다. 대신 물때가 잘 껴서, 그릇을 닦아가며 새 물을 준다.

똘이는 컨디션이 좋으면 집 안을 산책한다. 한쪽 눈이 뿌옇다가도 아주 가끔은 눈이 조금 맑아진다. 언젠가 다가올 이별이 너무나도 두려웠다. 내가 세상에서 가장 사랑하는 존재와의 이별은 마음의 준비를 하려야 할 수 없었다. 그때부터 두려웠던 순간이 실은 다가오고 있다는 걸 마음속으로는 알았을 것이다.

강아지가 기분 좋을 때

 강아지가 기분이 좋은지 알 수 있는 방법이 있다. 킁~킁~ 하며 코 푸는(?) 흉내를 내거나 꼬리가 잔뜩 올라간다. 무섭거나 긴장하면 꼬리가 착 내려가는데, 기분이 좋으면 금세 꼬리가 쏙 올라간다. 한창 어릴 땐, 아니 불과 2년 전만 해도 날쌘돌이처럼 집을 뛰어다니던 똘이는 나이가 드니 가만히 있을 때가 더 많다. 멀뚱히 앉아 심심하거나 기운 없어 보이는 순간도 많다. 그럴 때 품에 똘이를 안고 "예쁘다, 아이 예뻐."라고 말하면 킁킁 웃는다. 그렇게 안기고 내려가면 살며시 꼬리가 올라가 있다. 그럼 내 입꼬리도 슬며시 올라간다. 마음껏 사랑하고 아껴주고, 예뻐하는 것. 우리 곁을 늘 지키며 조건 없는 사랑을 주는 강아지에 대한 당연한 마음가짐 아닐까.

❝

마음껏 사랑하고 아껴주고 예뻐하는 것,

우리 곁을 늘 지키며 조건 없는 사랑을 주는

강아지에 대한 당연한 마음가짐이다.

❝ 내 품을 기억해 줘

4부

너는 나를 보고 있을까

결국 다가온 날

2021년 5월 11일, 똘이가 무지개다리를 건넜다. 강아지가 열 살이 넘고서부터 이 소중한 아이가 언젠가 나를 떠날 수 있다는 생각에 슬퍼지곤 했다. 그러나 끝을 막연히 떠올리고 슬퍼하던 것과 진짜 끝을 마주하는 건 달랐다. 그날은 유독 아이가 힘이 없고, 제 다리를 가누지 못했다. 동물병원에 데리고 가자, 항상 똘이를 애지중지 돌봐 주시는 의사 선생님이, 오늘이 고비일 수 있다고 말씀하셨다.

똘이는 이미 1년 전에 한 차례의 고비를 넘기고, 약을 먹으며 건강을 유지해 오고 있었다. 그래도 감사한 건 기운은 조금 없어도, 똘이는 여전히 산책을 좋아하고, 가족을 반갑게 맞이해 주었다. 약을 먹긴 싫어해도, 맛있는 음식을 탐했다. 생의 의지가 있고, 여전히 우리 곁에서 똘망똘망한 눈으로 우리를 바라

보는 것만으로도 충분했다. 그러나 나는 강아지의 생애에 대해 지나치게 자만했던 것 같다. 한 차례 고비를 넘겼으니, 2~3년은 더 우리 곁에 있어 줄 것이라고 믿었다. 그렇게 믿고 싶었던 것이다. 약을 먹으면 그래도 괜찮은 듯 보였으니까.

그날, 동물병원에 다녀온 똘이가 밤 11시쯤 지나치게 숨을 헐떡이며 과호흡을 했다. 금방이라도 잘못될 것만 같은데 어찌할 도리가 없었다. 언니가 똘이를 품에 안고, 가족들이 곁을 지키다가, 갑자기 누군가 급히 말했다. "신장 약을 더 먹이는 건 어떨까?" 우리는 며칠 전부터 의사 선생님의 제안으로 약을 꿀에 버무려 똘이에게 먹이기 시작했었다. 다른 어떠한 걸 비벼도 먹지 않아 조치를 취한 것이다. 다행히 입이나 코에 약 섞인 꿀을 바르면 똘이가 날름거리며 핥아먹긴 했다. 그렇게라도 약을 먹어야 아프지 않으니까, 어쩔 수 없었다. 근데 약을 정량 넣어도 꿀에 묻혀 먹이면 양이 부족해질 것 같았다. 급히 신장 약 소량을 꿀에 비벼 똘이에게 먹였다. 곧, 헐떡이던 똘이가 제 호흡을 찾아갔고, 우리는 한시름 놓았다.

 그로부터 세 시간 후였다. 가족들은 고비를 넘겼다고 생각하며 잠자리에 들었다. 나는 그날따라 잠이 오지 않아 새벽 두 시에 다이어리를 끄적이고 있었다. 사각사각 펜 소리만 들리던 그때, 똘이의 다급한 비명이 들렸다. "꺄아악-" 평소의 발작 소리였다. 황급히 소리가 나는 주방으로 달려갔더니, 똘이가 고개를 젖히고 괴로워하고 있었다. 진짜 잘못되는 게 아닌가 너무 무서워서 가족들을 급히 깨웠다. 아까는 숨을 헐떡였는데, 지금은 고개를 뒤로 젖히고 너무 괴로워하는 똘이를 보니, 심상치 않았다. 그 시간이 길어지자, 나았으면 좋겠지만 한편으로는 정말 이 아이의 끝이 다가오는 것만 같았다.

 언니가 품에 똘이를 안았고, 나머지 가족들이 그 옆을 둘러쌌다. "정말 고마웠고, 네 덕분에 행복했다"라고 엄마는 거듭 말했다. 나도 눈물이 밴 목소리로 사랑한다고, 고마웠다고 말했다. 그 와중에, 똘이 배에 손을 갖다 댔다. 똘이의 숨결을 느끼고 싶어서이기도 했지만, 혹시 모를 순간 알고 싶어서였던 것 같다. 똘이는 그렇게 한참을 비명을 지르다가 어느 순간 사르르 언니 품에 편안한 자세로 몸을 말고 고개를 파묻었다. 그건 마치 이제 고통이 잦아들고 편안해져 한숨 자는 듯 보였기에 엄마와 동생은 다행이라며 이제 괜찮아졌나 보라고 말했지만, 나는 알았다. 똘이의 숨이 손을 통해 전해져 왔기 때문이었다. 솔직히 아이의 끝을 마주한 심정은, 너무나 슬펐지마는 그렇게 괴로워하던 아이를 보니, 고통이 멈추고 편안하게 눈을 감은 게, 아이를 위해서는 다행이 아닌가 하는 마음마저 들었다.

잠들지 못한 밤

 잠들지 못하는 밤이었다. 가족들은 번갈아 눈물을 터뜨렸다. 강아지 침대에 똘이를 누이니, 꼭 그냥 잠들어 있는 것만 같았다. 이제 어떻게 해야 하는 건가, 그 후의 일을 마주할 수밖에 없었다. 언제고 강아지 침대에 눈 감은 똘이를 둘 수는 없으니 말이다. 우선은 작별의 시간을 충분히 가졌다. 그다음 어쩔 수 없이, 반려동물 장례식장을 찾아보았다. 가족 선산에 똘이를 묻는 걸 생각해 보았는데, 차가운 땅에 묻는 게 마음에 걸렸고, 이런저런 글에서 땅에 묻는 것 자체가 불법이라며 화장을 추천했다. 원래 강아지 사체를 일반 쓰레기로 버려야 하는 게 법(?)이라는 글을 봤는데, 정말 말도 안 되고 기가 찼다.

 기나긴 새벽이 지나가고 어느덧 동이 트고 있었다. 그날 저녁 바로 반려동물 장례식장에 가자는 언니의 말에, 나 없이는 절대 안 된다고, 내가 되는 시간에 가야 한다고 못박았다. 그날은, 내가 일하던 학원 퇴근 시간이 늦어 학원이 끝나고 가면 이미 장례식이 끝나 있는 상황이었다. 마지막 순간에 제대로 된 작별 인사를 하지 못하는 건 있을 수 없는 일이었다. 그나마 학원이 일찍 끝나는 다음 날 저녁에 집에서 멀지 않은 양주의 한 반려동물 장례식장에 찾아가기로 했다. 강아지를 바로 장례식장으로 데려가기보다 48~72시간까지는 괜찮으니, 충분히 추모하고 장례를 치르는 게 좋다고 보기도 했다. 언니는 장례 지도사에게 연락했고, 집에서 똘이를 추모하는 시간을 가졌다. 마지막까지 마음 정리는 되지 않았지만 말이다.

 일이 끝나고 택시를 타고 황급히 양주의 장례식장으로 찾아갔다. 엄마와 언니와 예비 형부가 똘이와 함께 추모실에 있었다. 주인들이 충분히 강아지를 추모할 시간을 가질 수 있도록 마련된 공간이었다. 언니와 나는 한참을 울며 작별 인사를 했다. 똘이 옆에는, 평소 먹던 사료와 살아생전 좋아하던 삶은 달걀노른자, 입던 옷, 목줄이 놓였다. 가져간 꽃이 똘이의 마지막을 쓸쓸하지 않게 지켜 주었다. 추모실의 벽에 걸린 작은 태블릿 화면에서는 언니가 성심성의껏 고른 똘이의 사진 5장이 번갈아 나왔다. 잔잔한 애도 음악과 따뜻한 분위기에 우리는 진짜 마지막을 맞이할 마음의 준비를 했다. 충분히 추모가 끝나면, 장례 지도사에게 연락을 달라고 적힌 쪽지가 있었다. 마침내 우리는 마음의 준비를 하고 쪽지에 적힌 번호로 전화했다. 그럴 수밖에 없었다. 이미 한 시간이 지나가고 있었고, 우리는 그날의 마지막 손님이었기에, 언제까지고 추모할 수는 없었다.

이제 더는 똘이의 육신을 볼 수 없다는 게 가장 믿기지 않았다. 다행히 강아지의 발톱이나 털을 조금 잘라 보관한다는 글을 보고, 똘이의 부드러운 털 조금을 잘라 작은 비닐백에 보관했다. 눈물은 났지만, 털을 보니 똘이가 생각나서 위안이 되었다. 똘이는 천을 덮고 장례 지도사에 의해 화장터에 들어갔다. 한 시간 후 유골함을 받았고, 품에 꼭 안고 돌아왔다. 며칠 후 똘이가 좋아하던 산책길, 한 나무 밑에 묻어 주었다. 일 때문에 지방에 내려가서 똘이의 마지막을 함께 하지 못한 아빠도 전화 너머로 수고했다며, 똘이의 마지막 산책을 그린 그림을 사진 찍어 보냈다. 마지막을 함께하지 못한 아빠의 애도 방식이었다.

 내 가족, 내가 너무나도 소중해 자꾸 장난치고 귀찮게 굴었던, 나의 보물 1호를 이제 다시 볼 수 없다는 사실이 아직도 안 믿긴다. 똘이가 없으니, 집이 조용하다. 나이가 들어 똥오줌을 못 가려 자꾸만 집 마룻바닥 위에 오줌을 첨벙 싸 놓던 것도, 가끔 발작해서 심장이 철렁하던 순간들도, 다 똘이가 살아 있었기에 감사한 순간이었다.

"

똘이야, 좋은 곳에서 편히 쉬렴.

나에게 준 마지막 선물

똘이가 세상을 떠나기 며칠 전은 어린이날과 어버이날이었다. 강아지들과 소풍을 하러 가서 잔디밭 위에 캠핑 텐트를 펴놓고, 돗자리를 깔았다. 똘이가 자고 싶어 하길래 돗자리에 먼저 내가 눕고, 배 위에 똘이를 두었다. 40여 분을 똘이가 내 배 위에서 새근새근 숨을 쉬며 잤다. 그때 솔직히 말하면 똘이가 내 목 위에 머리를 두어 숨 쉬는 것도, 자세도 불편했다. 그렇지만 달리 할 수 있는 게 없어, 하늘과 나무를 보며 똘이의 온기와 숨을 느꼈다. 똘이가 떠나고 나니 그 촉감이 자꾸 떠오른다. 똘이가 내 품 위에서 새근새근 잠자던 순간이 나에게 준 마지막 선물이었다.

아프던 날, 정말로 떠나기 전에 똘이가 잠깐이나마 기운을 차린 순간이 있었다. 갑자기 힘을 내어 언니 품을 뛰쳐나와 "나 괜찮아! 이렇게 힘낼 수 있어!" 하는 표정으로 눈을 동그랗게 뜨고 힘차게 걷던 모습. 그리고 얼마 안 있어서 다시 아프고, 그리고 나서 떠났는데, 잠깐이나마, 세상을 떠나기 전 우리에게 괜찮은 모습을 보여주고 싶어 한 모습이 떠올라 가슴이 아리다. 그로부터 3주가 지났다. 그립고, 그립다. 그렇지만 지금 내가 할 수 있는 것은 우리에게 사랑과 행복을 주었던 똘이를 기억하고 기록하는 것이다.

강아지들이 세상을 떠나기 전, 자신이 떠나면 주인이 너무 슬퍼할까 봐 걱정하고 두려워한다는 글을 보았다. 마지막까지 사랑하고 고마웠다고 더 말해줄 걸 싶지만, 이미 지난 일이다. 슬퍼하고만 있으면 강아지가 좋은 곳으로 떠나지 못할지도 모른다. 똘이가 강아지 별에서 다른 강아지들과 행복한 시간을 보내고 있기를 바라며, 우리가 함께했던 시간을 오래오래 기억할 것이다. 고맙고, 행복했어. 앞으로도 네 덕분에 많이 웃고 즐거웠던 벅찬 행복의 순간들을 오래 기억할게.

어느 날의 꿈

어느 날 꿈을 꿨다. 그곳에는 여러 마리의 똘이가 있었다.

그곳은 그런 곳이었다.

다른 시기의 존재들이 한 공간에 존재하는 곳

약한 시기의 똘이와 평소의 똘이가 같이 있었다.

나는 멍하니 그 존재들을 바라보았다.

"

똘이야, 오늘 너가 있는 곳에 처음으로 왔어. 지난 주말에 내가 못 갔거든.

여기 오니까 너가 아른거려. 꼭 잔디밭에서 뛰놀고 있는 것처럼 말이야. 너 이 곳을 참 좋아했잖아.

너는 나를 보고 있을까

 한 줌의 재가 된 똘이. 똘이의 유골을 묻어 준 나무를 지날 때면, 신나게 그 근처를 뛰어다니던 똘이가 아른거린다. 집에서는 몸을 동그랗게 말고 담요 위에서 잠을 자던 모습이 떠오른다. 강아지의 유골함 곁에는 똘이 사진이 붙어 있다. 그 안에는 옷 한 벌과 작은 비닐 안에 담아 둔 강아지의 살아생전 털 조금이 담겨 있다. 유골함을 보면 그래도 똘이가 함께 하는 기분이 든다. 똘이가 떠난 지 두 달이 지난 지금, 이 글을 적으며 하얀 솜뭉치 똘이가 그립다. 내가 강아지를 잃은 슬픔에 잠겨 있을 때, 강아지는 분명 내가 죽고 천국에 가면 달려올 거라고 들었다. 사후 세계를 한 번도 믿은 적 없는데, 사후 세계가 꼭 있었으면 하는 마음이 든다. 그곳에서 너는 나를 보고 있을까.

너를 위한 노래

"똘이 여장군 나가신다, 길을 비켜라~"

유치하지만, 우리는 어릴 적 이런 노래를 곧잘 불렀다. 노래의 주인공은 언제나 우리 집 대장, 강아지 똘이였다. 동요나 짧은 멜로디에 똘이의 이름을 넣은 가사로 흥겨운 리듬을 완성하곤 했다.

2019년 가을에는 친구의 소개로 음악 영화를 보고 영화 OST를 개사하는 작사 워크숍을 듣게 되었다. <원스>, <비긴 어게인>, <어거스트 러쉬> 등 유명한 음악 영화를 보고, 영화와 관련한 이야기를 나누며 영화 OST에 내가 원하는 가사를 입혔다. 그날의 주제는 '사랑'이었고 노래는 원스의 'Falling slowly'. 노래의 멜로디를 들으며 음을 따고, 그날 나눈 이야기를 토대로 주제를 찾아 가사를 적었다.

우리는 사랑에 관해 이야기했다. 식물을 사랑한다고 말한 사람도 있었고, 달콤한 공기를 사랑한다고 한 사람도 있었다. 모임장님이 사랑을 '솜사탕 맛'에 비유하자, 그에 이어 사랑을 달콤하고 쌉싸름한 맛, 커피 맛, 풍선껌 맛 등 사랑에서 어떤 맛이 날까 서로 다른 단어로 표현하며 이야기를 나누었다.

 가사를 적을 때가 되자, 사랑하는 대상으로 강아지를 떠올렸다. 연애할 때도 남자 친구보다 강아지가 우선순위였고, 나에게 사랑하는 대상 1순위는 언제나 강아지였다. 'Falling slowly'의 멜로디에도 자연스레 똘이의 이야기가 담겼다. 강아지라는 단어가 가사에 나오진 않는다. '너'에 대한 사랑을 고백하지만, 너의 품과 온기는 모두 강아지의 이야기다. 잔잔하고 애달픈 듯한 노래의 멜로디는 마음 어딘가 숨어있던 감수성을 건드린다. 2년 전의 나도 강아지와의 이별을 두려워하고 있었다. 그렇지만 언젠가 이별의 순간이 오더라도 너의 따뜻했던 품의 위로와 너와의 시간을 기억할 것이라고 적었다.

너의 품에 있다보면
따스한 온기가
느껴지는 것만으로
너를 사랑해

언젠가 지금의 온기가
사라져도 그때에도
기억할게 너와의 시간을
너와 네 품의 위로와
그 눈망울을 언제나

나는 네게 어떤 존재였을까 궁금해
우리의 마지막은 후회가 없기를

그때까지 기억해줄래
내 품의 온기도

강아지와의 이별은 강아지가 10살을 넘긴 후부터 쭉 마음 깊이 걱정하던 것이었다. 함께 하는 순간이 행복하고 소중해서, 끝이 온다는 것이 두려웠다. 남겨진 내가 슬픔을 감당할 수 있을까 걱정했다. 해외에 오래 머물 일이 생겼을 때도, 강아지를 두고 오래 떠나도 되나 고민했고, 5개월의 체류 기간 후 돌아온 나를 여전한 모습으로 맞이해 주는 강아지가 참 고마웠다. 우려는 언젠가 현실로 다가올 것이다. 그리고 두 달 전, 그 현실을 마주했다.

주인의 온기가 있는 옷 위에서 몸을 말고 새근새근 자던 강아지가 떠오른다. 잠에서 깨어 자리를 떠났을 때, 강아지의 작은 온기를 간직한 그 옷에 볼을 대며 숨죽여 행복했었다. 강아지가 우리에게 전해주던 따스함은 물리적인 따스함도 있었지만, 심리적일 때도 많았다. 누구보다 주인의 감정을 잘 알아차려, 울적한 날 집에 돌아와 방에 웅크리고 있으면 어느 순간 곁에 슬쩍 몸을 맞대고 걱정하는 듯한 눈빛을 보내던 똘이. 강아지는 우리 곁을 떠났지만, 강아지가 우리에게 남긴 온기는 언제든 기억할 것이고, 우리의 마음을 따스하게 데워 줄 것이다.

 요즘도 가족들과 이야기하다 보면, 자연스레 똘이의 이야기가 나온다. 우리 가족은 똘이의 부재를 애써 숨기려 하지 않는다. 그리우면 말하고, 그때 그랬었지 추억한다. 그것이 함께 잘 애도하는 과정이자 시간이라고 믿는다. 만남이 있으면 이별이 있다는 흔한 사랑 노래 가사처럼, 만남과 이별, 시작과 끝, 삶과 죽음은 언제나 공존하는 삶의 면모일 것이다. 그렇지만 이별을 하더라도 만나서 함께 한 행복이 크기에, 그 만남을 절대 후회하지 않는다. 참 행복해서 똘이를 주인공으로 한 노래를 만들어내던 어릴 적 나, 이별이 두렵지만 온기를 기억할 것이란 노래 가사를 적었던 어른의 나. 그 시절을 돌아보는 지금의 나는 지구별에서 인연이 되었던 똘이와의 만남이 참 고맙다.

"

너와의 만남이 참 고마워

엄마와 롤빵

 똘이가 무지개다리를 건너고 장례식을 치른 다음 날, 엄마는 롤빵을 사 들고 동물병원에 갔다. 그간 고생해 주신 의사 선생님과 간호사 선생님께 인사를 하기 위해서였다. 똘이는 그 병원에서 가장 오래 진료를 받은 강아지였다고 한다. 그 말인즉슨, 똘이처럼 나이 든 강아지 중 똘이가 가장 장수했다는 말이었다.

"왜 더는 안 볼 사람처럼 인사하세요, 콩이 미용도 하고 발톱도 깎으러 찾아오세요."

 엄마의 작별 인사에 의사 선생님이 다정하게 말씀하셨다. 똘이와 함께 우리 가족이 도봉산으로 이사 오면서, 똘이가 가장 많이 간 곳이 공원, 그다음이 동물 병원일 것이다. 아이를 유치원에 보내듯, 똘이를 데리고 병원에 갔다. 매주 귀 청소를 받았고, 그다음은 심장 약과 신장 약을 먹었다. 자주 들락거린 만큼 의사 선생님과도 친해지고, 병원이 우리와 똘이에게 익숙한 일상의 공간이 되었다. 그랬던 우리가 강아지 없이 동물 병원에 갈 일은 없기에, 엄마가 두 손 가득 빵 봉투를 들고 병원에 홀로 들어가, 할 말이 있어 찾아왔다고 했을 때 의사 선생님은 그 이유를 바로 알아차렸으리라.

 의사 선생님은, 두 아이가 있다가 한 아이가 먼저 떠났을 때 다른 아이가 우울해할 수도 있다며, 남은 콩이에게 잘 대해 주라고 말씀하셨다. 이 말을 전해 들은 우리는 집에 있는 콩이의 기색을 살폈다. 콩이도 분명 똘이의 부재는 알고 있으나, 많이 우울해하지는 않았다. 아무래도 우리처럼 똘이가 아픈 모습을 오래 봐서 그런 거였을까? 외려 똘이가 떠난 후 콩이가 그간 펴지 못했던 기를 이제야 편 것 같기도 했다. 똘이가 아픈 후로 어쩔 수 없이 가족들의 관심과 걱정과 애정이 똘이에게 몰렸기에, 콩이는 남몰래 마음고생했을지도 모른다. 이제 가족들의 오롯한 사랑을 받을 수 있어서 콩이의 마음이 조금은 나아졌을까? 한

가지 달라진 점은 늘 동생 침대에서 껌딱지처럼 붙어 있던 콩이가 이제 안방의 엄마 옆에서 잔다는 점이다. 어떤 심경의 변화인지 모르겠다. 상심할 엄마를 위로하는 마음일까? 아니면 드디어 제 밥을 챙겨 주고 산책을 시켜주는 사람이 동생이 아니라 엄마라는 것을 깨닫고, 받은 사랑을 되돌려 주는 것일까? 아니면 그저 무더위에 안방이 가장 시원해서 그런 걸지도 모르겠다. 아무튼 확실한 건, 똘이가 떠나고 콩이는 조금 의젓해졌다.

 어느 날 엄마에게 무언가 말하려 안방에 들어갔고, 엄마는 평소처럼 핸드폰을 보고 계셨다. 문득 핸드폰 화면을 보니 똘이 사진이 열려 있었다. 근래에는 똘이를 이야기하는 일이 적었기에, 나처럼 엄마도 이별을 잘 극복하고 있다고 생각했는데, 아니었나 보다. 우리보다도 똘이와 시간을 가장 많이 보냈던 사람은 다름 아닌 엄마였다. 산책을 시켜주고, 밥을 챙겨 주고, 똥오줌을 치우며 말이다. 어린아이였던 세 자매는 강아지를 키우자고만 했지, 그 강아지를 오롯이 책임지는 건 엄마의 역할로 남아버

렸다. 우리가 나이가 들고서도 말이다. 그 사실을 철없게도 최근에서야 깨달았고, 나는 진정으로 강아지를 책임질 수 있는 사람이었을까 되돌아보았다. 강아지를 귀여워 할 줄만 알았지, 과연 준 사랑만큼 잘 돌보았던 거였을까. 그만큼 엄마에게 똘이의 빈자리가 가장 크게 느껴지지 않았을까? 콩이가 엄마 옆을 지키던 건 그런 엄마의 슬픔을 알아서였을까. 따뜻한 위로가 가장 필요한 사람 곁을 떠나지 않았다.

콩이도 어린 나이는 아니다. 어느덧 10살, 사람 나이로 치면 대략 50대 후반이다. 마냥 아기 같던 콩이에게도 주름살이 보인다. 한창 똘이가 아파서, 똘이에게 관심이 몰릴 수밖에 없었을 때도, 콩이는 똘이를 걱정하는 기색을 보였다. 똘이가 이상 징후를 보이면, 가장 먼저 왈왈 짖어 우리에게 알렸다. 우리는 종종 똘이를 그리워하며, 그렇지만 콩이에게 모자람 없는 애정을 주려고 노력하며, 지금 이 시기를 보내고 있다.

강아지 음악

 요즘 동생은 주말에 가족들이 다 같이 외식 등 긴 시간의 외출을 할 때 TV를 켜서 유튜브 채널로 '강아지 음악'을 튼다. 동생 말로는 강아지 음악을 들려주면 외출을 다녀오는 동안 집에 있는 콩이의 표정이 편안하다고 한다. 그러면서 본인 스스로 그런 자신의 행동을 매우 만족스러워한다. 본인이 소파에 누워서 강아지 음악을 즐기기도 한다.

 나는 동생에게 콩이가 진짜 강아지 음악을 좋아하는 건지, 아님 콩이에게 강아지 음악을 틀어주는 본인을 만족스러워하는 건지 물었다. 어찌 되었든 음악을 들은 콩이의 얼굴이 한결 편안한 건 아무래도 사실인 거 같다. 집에 강아지를 혼자 두고 가는 반려인이 마음이 불편해서 하는 자기 위안일 수도 있지만, 뭐든 간에 강아지에게 좋을 것 같은 건 해주는 게 맞다. 수제 간식이든, 강아지들에게 좋은 음식을 해 주든, 그들을 위해 마음을 써주는 게 사랑을 표현하는 행동이니. 강아지들도 다 그런 사랑을 느끼고, 행복해할 테니 말이다. 그러니, 내가 하고자 하는 말은 이거다.

❝

그들에게 서열 몇 위든, 맘껏 사랑해주자.

맘껏 점수 따며 사랑을 표현하자.

그럼에도 우리는

 똘이의 목줄을 잡던 엄마는 이제 콩이의 목줄을 잡고 산책을 한다. 산책을 겁내던 콩이도 이제는 의젓하게 산책을 한다. 콩이의 늘어지던 뱃살도 줄어들었다. 내가 퇴근할 때, 엄마는 종종 콩이를 데리고 지하철역으로 마중을 나온다. 지루한 지하철 시간을 견디고, 개찰구를 넘어 집으로 가는 출구로 나오면 저 멀리 나무 아래 엄마와 콩이를 발견한다. 콩이가 나를 보고 꼬리를 흔들면, 나도 마음속으로 반가움에 꼬리를 흔들고 있다.

 강아지와 한 번 이별을 겪은 사람 중에 다시는 강아지를 못 키우겠다고 말하는 사람이 있다. 그 마음이 이해가 간다. 우리 곁에 여전히 콩이가 있는 건 우리 가족에게 남은 행복이다. 그 행복을 소중하게 간직하며, 우리는 살아갈 것이다.

에필로그

 이 글을 처음 적어야겠다고 마음먹은 2020년 말, 나는 의정부의 동물책 서점 '동반북스'에서 일일 책방지기를 하고 있었다. 두 마리의 고양이가 뛰놀고 '동물', '환경' 주제로 빼곡한 서가에서, 우리 강아지들에 대한 이야기를 써보리라 마음먹었다. 그 후, 동반북스의 매거진 크루 <작은 친구들>에 참여하며 2021년 3월부터 12월까지 매달 한 편의 글을 썼다. 우리 집의 두 마리 강아지에 대한 이야기였다. 한 편 한 편 즐겁게 글을 썼다. 소중한 것에 대해 적는 마음이 참 좋았다.

 매달 글을 적던 도중에, 똘이를 떠나보냈다. 고민이 되었다. 글을 계속 적을지, 아니면 활동을 중단할지. 그렇지만 마음을 다잡고 똘이의 마지막 순간을 글로 적으면서, 펑펑 울고 조금은 슬픔이 나아짐을 느꼈다. <작은 친구들>에 감사하다. 동반북스 크루로 책방에서 다양한 책을 접하며 펫로스를 극복할 수 있었고, 동물을 사랑하는 마음으로 비건을 도전하고 있다. 귀여운 강아지, 고양이 이야기도 맘껏 읽을 수 있었다.

 책을 쓰며 슬프기도 했지만, 한편으로는 행복했다. 다시 한번 그때의 추억을 떠올릴 수 있어서, 이 책이 참 고맙다. 똘이와 함께한 시간은 내 인생의 절반 이상이다. 콩이와 앞으로 만들어 갈 시간도 그러할 것이다. 그들이 아웅다웅 다투는 모습은 다시 볼 수는 없겠지만, 우리의 마음속과 이 책에서 고스란히 간직하여, 원하는 독자들에게 따스한 그들의 이야기를 내보일 수 있기를 소망한다. 강아지를 좋아하는 사람도, 설령 강아지를 키우지 않는 사람도 이 책을 읽으며 따스함이 전해지길 바란다. 더불어, 이 책을 쓰면서 원고를 읽어주고, 똘이와 콩이 사진을 잔뜩 보내주며 한 마디씩 보탠 가족들, 그리고 똘이의 마지막을 함께 해준 언니의 형부에게도 감사함을 전한다.

따스한 온기

초판 1쇄 발행 2022년 3월 13일

지은이	이지은
발행인	이지은
발행처	꾸미
출판등록	2018년 12월 21일 제2018-42호
이메일	ggumipub@gmail.com **인스타그램** ggumipub
팩스	0303-3448-5405

ⓒ 이지은, 2022

ISBN   979-11-965863-9-3 (02810)

- 이 책은 저작권법에 따라 보호를 받는 저작물이므로
  무단 전재와 무단 복제를 금합니다.
- 내지의 일부는 Flaticon.com의 이미지를 사용해 디자인되었습니다.
- 책값은 뒤표지에 있습니다.